Découvrez l'histoire par les archives de presse

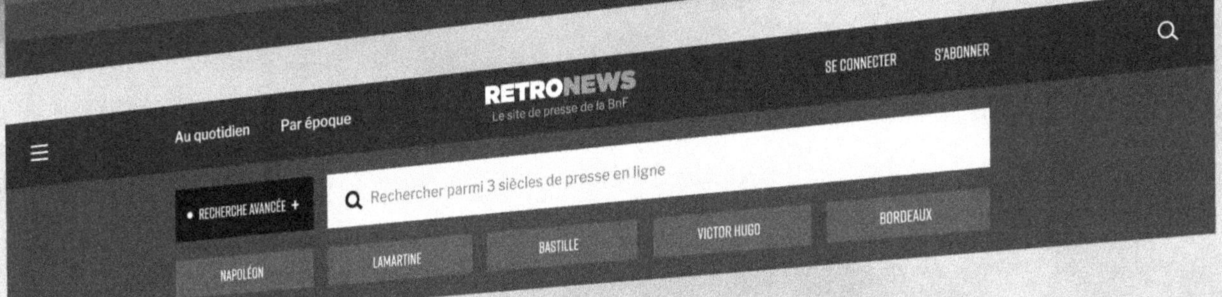

RETRONEWS

Le site de presse de la BnF

www.retronews.fr

1918

LES TROIS ROSES

Nᵒˢ 3 et 4. — Août-Septembre 1918.

Bois de Gabriel Fournier.

Ce Numéro double : **2 fr.**

Rédaction et Administration

24, rue Condorcet — GRENOBLE

Dépositaire unique pour PARIS

Georges CRÈS, 116, Boulevard Saint-Germain.

Les Trois Roses

Rédacteur en chef : **Justin-Frantz SIMON**

Abonnements

	FRANCE	ETRANGER
Edition ordinaire	10 fr.	15 fr.
Edition de luxe	25 fr.	40 fr.

Adresser tout ce qui concerne la Revue à Mlle M-A. Chardon, secrétaire de la rédaction, 24, rue Condorcet, Grenoble.

Sommaire du N° 1 :

Francis Vielé Griffin : *In memoriam J.-A. Nau.* P. Reverdy : *Astres nouveaux.* Max Jacob : *Notre article à sept quatre-vingt-quinze.* E. Tisserand : *Tombeau.* J. de Cours : *Des Routes.* J.-F. Simon : *Absence.* Jean Royère : *J.-A. Nau.* J.-A. Nau : *Retour.* Claude Armel : *Le Flambeau.* Pierre Andry : *En route mauvaise troupe.*

Sommaire du N° 2 :

Max Jacob : *Méditation sur ma mort.* Jean Royère : *Lyrisme.* Ortiz de Zaraté : Nos collaborateurs : *Jean Royère.* Ernest Tisserand : *Partage.* Paul Dermée : *Nocturne.* André Breton : *Age.* St-Marcellin et André Laffitte : *Sur la peinture moderne.*

Etant donné les difficultés occasionnées par la crise du papier et désireux d'autre part de donner à notre publication l'importance qui convient, nos numéros seront désormais doubles et paraîtront tous les 2 mois.

Il ne sera désormais envoyé de numéro spécimen que contre remboursement du prix marqué.

Reproduction des textes et dessins interdite sauf autorisation

Le Bateau mort

Le canot que berça jadis le flot jersiais, —
Qui frôla des plages rousses et roses,
Dort, inerte, à présent, sous le feuillage épais
D'aubes moroses.

Il explora des havres de jade mouvant
Ou de fluide émeraude mélancolique ;
Ses cordages fins chantèrent au vent
Qui pousse les puissants clippers sur l'Atlantique ;
L'aile neigeuse, et noire, et bleue du goéland
Souffleta sa voilure lilliputienne
Que diapra d'irisations vénitiennes
Le Soir aux longs regards chàtoyants ;
Il s'égara dans les fumées nacrées
Du brouillard qui promène des spectres sur l'eau ;
Il fut une petite arche embrasée, —
Sous le feu du ciel — de l'étrave à l'étambot, —
Et bondit en sursaut
Des sinistres dragons vert-sombre des marées
Qui rampèrent et glissèrent, doux et soumis,
Sous l'élan de sa quille menue.

Et maintenant, calé par quelques pieux moisis,
Entre la fraise pourpre et la fade laitue,
Près des gris arrosoirs et des pots de terreau,
Il pourrit tristement sous les pleurs de la pluie,
Lac minuscule sans naïade et sans fleurs d'eau,
Où des feuilles tombées s'ennuient.
Mais en le frisselis soyeux des frondaisons,
Par les soirs de pivoine et les matins de mauve.
Sous les vols froufroutants et les grêles chansons,
Il sert de baignoire et de coupe aux moineaux fauves.
(1917).

John-Antoine NAU.

Pour les Trois Roses

Offrande des montagnes

Devant la mer aplatie sous la lumière
Devant moi perdu dans une femme
Devant les cris non entendus mais sentis dans le vol des oiseaux
Devant les plateaux surmontés et distants

       LES MONTAGNES

Sous le soleil découpant les masses
Sous la lune reculée
Sous les nuages et sous mes mains voulant être hautes
Sous Dieu non existant mais désiré très loin

       LES MONTAGNES

Par les herbes montant en sapins exaltés
Par la terre pressée et tordue par le feu
Par les pluies précieuses attendues par les hommes
Par l'espace arrêté

       LES MONTAGNES

Coups sonnant sur les rocs — gloire
Vitesse énervée dans le vent — fais face
Silence terminé — rejette
Pression des deux jambes au sol — ô forces
Révolte glacée disparaît — mort
LES MONTAGNES MOUVANTES

Des plaines dressées au loin — montagnes — remontez vers les montagnes
Des hommes effrayés et tendus — montagnes — remontez vers les montagnes
Des océans en chaos et abaissés — montagnes — remontez vers les montagnes
LES MONTAGNES MONTANTES

Vers les cieux en repos étourdis et trop sûrs
Vers ce qui n'existe pas
Vers mon corps, contre mon corps, vers ma force
Vers le monde
LES MONTAGNES OFFERTES

Paul **MÉRAL**.

Poème

Pour l'Ile nue, lointaine et fabuleuse
Ils partiront voyageurs espérant
Du naufrage la vue par delà l'Océan
De terres sans désirs sous le soleil vivant
Des mélancolies radieuses.

Galère d'or du golfe impérial
Ame dormante au rythme océanique
Quel philtre enchaine à ton vol nuptial
Les goélands de nos élans mystiques ?

Claude **ARMEL**.

Au Platane

Tu penches, grand platane, et te proposes nu,
    Blanc corps d'un jeune Scythe,
Mais ta candeur est prise et ton pied retenu
    Par la force du site.

Tu ne saurais le fuir !... Cybèle ne veut pas,
    Qui, tendre, mère, et sombre,
O Platane, jamais ne laissera d'un pas
    S'émerveiller ton ombre !

Ta grâce n'a d'accès qu'aux degrés lumineux
    Où la sève t'exalte ;
Tu peux grandir, candeur, mais non rompre les nœuds
    De l'éternelle halte.

Le tremble pur, le charme, et ce hêtre formé
    De quatre jeunes femmes,
Ne sont pas plus heureux, qui dans l'or embaumé,
    Ne mènent pas leurs âmes.

Ils vivent séparés, ils pleurent confondus
    Dans une seule absence ;
Et leurs membres d'argent sont vainement fendus
    A leur douce naissance.

Mais toi, de bras plus purs que les bras animaux,
    Quand tu cherches le hêtre,
Arbre, tu mets dans l'air le mouvement des maux
    Que le désir fait naître !

Haute profusion de feuilles, songe beau,
    Si l'onde tramontane
Chante au comble de l'or, l'azur et le corbeau
    Sur tes harpes, platane,

Flagelle-toi ! Parais l'impatient martyr
    Qui soi-même s'écorche !
Ou dispute à la flamme impuissante à partir
    Ses retours vers la torche !

Ton supplice n'est pas un supplice étranger !
    Mais, l'ornement du nôtre,
Je t'assemble à l'horreur de ne pouvoir changer
    Mon ombre contre une autre !

O qu'amoureusement des Dryades rival,
    Le seul poète puisse
Flatter ton corps poli comme il fait du Cheval
    L'ambitieuse cuisse !

Paul VALERY.

Vers la Mer

On limite la charpente à l'horizon du toit
L'arête forme le dos
Le fléau
le doigt
Les roues tournent en sens inverse
Il fait nuit
Les rayons s'inclinent sous l'averse
Le monde qui montait rendait la nuit plus noire
Le froid les rendait tous pareils

Les yeux sont fermés
On ne voit pas leurs mains
Et les rideaux tirés sur le mur qui se fend
La mer
Le ciel
Aller plus loin
Où le monde respire
La rue est trop étroite
On ne peut que sourire
Et s'ennuyer ailleurs qu'ici
Au pays blanc
Près de la terre basse
Où l'eau descend

Médaillon avec cadres

En attendant que les cloches sonnent
le pauvre homme
persécuté et volé
vient de mourir

Mort
Il retournait ses poches
son esprit
ses mains livides

On m'a tout pris
Je ne sais pas si je l'avais donné ou si on me l'a pris
Pauvre homme
Il est là
étendu sur un mince matelas en feuilles de platanes
et il fume
Il n'a pas de jambes
Ses yeux sont comme des lampes et c'est ce qu'on voit de
la cour
par la fenêtre
Sinistre figure d'homme toujours repentant
Il se retournait pour mordre
Il fuyait ses meilleurs amis pour les mordre
A une certaine époque il vendait de vieilles étoffes dans
un quartier juif et le soir il venait se coucher sur les
dalles d'une église
Pauvre homme mort
C'est un petit arbre au fond du jardin
Où sont les feuilles de cet arbre qui se couche au fond du
jardin
Des mains qui se purifient dans l'eau bénite
Des doigts qui se redressaient pour ne pas paraître crochus
Et toutes les paroles à dire devant le ciel
pour soulager sa conscience lasse.

Les bruits du monde s'éteignent peu à peu sous ses pas
On ne voit plus qu'un dos
très loin
Au coin du carrefour
Et dans la poussière d'une voiture qui passe un pauvre
chien maigre et malade qui aboie.

Pierre REVERDY.

Cézanne

Cézanne n'a pas été un peintre à coups de brosses ni à hachures, ni l'inventeur de la quadrature du cercle comme certains de ses soi-disants disciples l'ont cru.

Cézanne a commencé par jouer d'un violon aux cordes empruntées à la renaissance dont la dernière était peut-être Delacroix.

Plein de sainte curiosité il arrive à Paris et bientôt il ne sait plus rien et l'instrument qu'il avait cru posséder lui échappe.

Heureusement qu'un bon ami, un homme tout simple, Pissaro, l'accueille avec simplicité et tous deux ensemble parcourent les routes, se trempant dans la nature. Cézanne garde toute sa vie un souvenir profond de ce moment.

Le Louvre était une belle dame que fréquentait l'artiste, comme ces belles femmes de Paris qui sont capables de vous donner un moment de joie en vous permettant de les oublier malgré leur charme.

La nostalgie de son berceau se fait sentir de jour en jour davantage jusqu'à ce qu'il abandonne tout pour retrouver son motif provençal. Il n'a plus besoin de personne, il est seul avec une foule de choses, Véronèse Michel Ange, Tintoret, Greco sont ses compagnons de route. Il cause avec eux, discute, lutte comme avec les Pins et les Rochers qui lui étaient si chers.

De temps en temps un parisien à la noix de coco venait interrompre ce colloque vraiment antique par sa grandeur; mais le bon vieux avait trouvé un moyen excellent pour se débarrasser vite de l'indiscret.

(La fameuse histoire du grappin dessus, si drôlement comprise par certains de ses commentateurs.)

La période d'Aix est sans aucun doute sa période définitive et un des sommets de la peinture de tous les temps.

Inutile de chercher autre chose que le peintre et comme tel c'est un monument de notre civilisation méditerranéenne.

St-MARCELLIN.

 # Voyages...

I

Vous qui comblez avec vos murs d'ocre, villages,
        L'ombre des vallons les plus frais,
Et qui luisez contre l'azur du paysage
        Comme des grains de minerais...

Mon regard, un moment, s'amuse à vos toits rouges;
        Au jeu que font les arbres flous ;
Mais le pli d'un coteau, comme un écran qui bouge,
        Se referme soudain sur vous.

Ainsi, quand mon esprit voulait peupler les pages
        Du beau livre nu que j'étais,
Sa fièvre l'emportait et brouillait des images
        Qu'il ne connaîtra plus jamais...

II

Tout me parle de vous, voyages : le silence
        De mes après-midi d'été,
La fleur d'un autre ciel, où la guêpe balance
        Son bourdonnement irrité.

Les vents qui vont demain disséminer des feuilles,
        Courir plus loin, jouer ailleurs,
L'eau qui fuit, se dénoue à mes pieds et recueille
        Le reflet des jours les meilleurs.

Ah ! Rêver d'océans, de houles, de naufrages,
    D'écume qui déferle autour
De navires dorés flottant sur des nuages,
    L'ivresse sainte des retours,

Et n'être que la barque enchaînée à sa rive,
    L'eau morte que l'été tarit,
Où l'enfant d'autrefois plonge ses mains captives,
    Sa bouche qui n'a jamais ri !...

III

Insatiable, insatiable,
L'apaiseras-tu, cette faim ?
Tant de mots écrits sur le sable
Et qui s'effaceront demain !

Tant de merveilles consumées,
Evanouies entre les doigts,
Chansons, plaisirs d'un jour, fumées,
Romans qu'on ne lit qu'une fois...

L'as-tu franchi, ce vaste Monde,
O voyageur toujours déçu ?
Le fruit tombe, la pierre ronde
Dévale au versant du talus...

Comme eux entraîné tombe et roule
Ce cœur profané que tu vends,
Et ton rêve, parmi la foule,
Est une voile dans le vent.

George GAUDION.

Pur Jeudi

Rues, campagnes, où courais-je ? Les glaces me chassaient aux tournants vers d'autres mares.

Les boulevards verts ! Jadis, j'admirais sans baisser les paupières, mais le soleil n'est plus un hortensia.

La victoria joue au char symbolique : Flore et cette fille aux lèvres pâles. Trop de luxe pour une prairie sans prétention: aux pavois les drapeaux, toutes les amantes seront aux fenêtres. En mon honneur ? Vous vous trompez.

Le jour me pénètre. Que me veulent les miroirs blancs et ces femmes croisées ? Mensonge ou jeu ? Mon sang n'a pas cette couleur.

Sur le bitume flambant de Mars, o perce-neiges ! tout le monde a compris mon cœur.

J'ai eu honte, j'ai eu honte, oh !

Louis ARAGON.

Egarement

La veille de ma première communion je trouvai sur mon lit un énorme pantalon rouge. Ma mère voulait-elle que sitôt le sacrement donné je m'en fus, là-bas, au régiment où s'était illustré mon père ?...

Mais l'ayant questionnée elle répondit dans un sanglot : « Je veux te voir avec, demain dans l'Eglise. »

Et moi, pour ne pas lui faire de peine, je revêtis le pantalon rouge, mais dans toute ma ferveur je demandai à Dieu que ma pauvre mère ne fût atteinte que de daltonisme.

Juillet 1918.

Fernand KERL

Les vociufératrices
d'Armenohor

C'est un des nôtres qui a tué le Grec traître.
Pourquoi venait-il rôder autour de notre peine ?
Petit, souple, simiesque, tête féroce de raître,
ou de voleur de grands chemins. Esclave ou maître,
que voulait-il ? Pourquoi a-t-il fui ?
Aujourd'hui on le pleure, chez lui.
Les voix s'étendent sur notre camp.
Fils, mari ou amant,
il est pleuré par vingt femmes
accroupies autour du cercueil découvert.
L'une d'elle a les deux seins dehors,
hors le corsage, comme offerts au mort,
encore. C'est la mère.
Elles crient, très haut. D'autres pleurent en dansant,
gambadent sinistrement
autour du justicié.
D'autres baissent la tête sur leur poitrine.
Et toutes, de n'importe où, fixent le mort.
Leur cantilène s'affaiblit
avec le jour qui décline dans la nuit.
Puis elles ne sont plus qu'ombres dans l'ombre.
Puis on ne les voit, ni les entend plus.
Tout retombe dans la pièce sombre.
Dans le silence muet d'une tombe.

CANUDO.

In memoriam

J'ai trouvé sous la cendre une flamme vivante
Genoux en terre
j'ai veillé sur elle
Pour la nourrir et la faire plus grande
j'ai cherché dans les bois des herbes plus propices
et la flamme montait o lumière délices

Flamme ignorée de toi même
peut-être
et dont tout pourtant s'éclairait
n'as-tu vu ton image
au lac pur de mes pensées
et ne fus tu joyeuse un soir
de ton front caressant les étoiles

Front de lumière
symbole intraduisible
promesse émerveillée des beaux arbres fleuris
j'ai pris un peu de toi pour ma lampe Soleil
et le monde s'ouvrait à la clarté nouvelle

Quelle pluie malfaisante est tombée sur la terre
quel vent brutal plus fort que mon souffle fervent
t'a balayée ma flamme emportant ta lumière
éteignant à nouveau ma pauvre vieille lampe

O neiges du printemps sur les arbres en fleurs
regrets du jardinier au matin des gelées
étés sans fruits enfants mort-nés douleur douleur
O flamme sœur espoir qui n'a pas su durer.

13 août 1918. **Justin-Frantz SIMON.**

Ortiz de Zaraté : Nos collaborateurs, J.-F. SIMON

Notre Passion

I. Des obus sont tombés...

Des obus sont tombés, ont éclaté près de moi.
Et c'était comme l'explosion d'un éventail de fer,
Ouvert brusquement par les griffes des Furies,
Et s'éparpillant en étoiles de ténèbres et de foudre,
Qui, brûlantes, et volant de tous côtés,
Ont jeté dans mes oreilles cet essaim :
Le vent sifflant, haleine multiplé de la Mort.
Et la terre, violemment arrachée, m'a criblé de ses écla-
    boussures,
Comme si ma tombe, éveillée dans un coup de vertige,
Se soulevait et se précipitait sur sa proie.
Et ceux de mes compagnons qui n'étaient pas loin, et qui
    voyaient cela,
Ont agité les bras en l'air,
Me croyant frappé, traversé, perdu.
Mais mon sourire disait que non,
Et que jamais je ne serais atteint ;
Car j'ai trop de choses à dire,
Trop de choses à la gloire du Beau et du Sublime,
Et de la Vérité et de la Justice,
Qui sont les quatre vents du ciel, les quatre souffles du
    divin,
Les quatre âmes de Dieu lui-même.
Ces choses qui sont en moi, c'est Dieu, c'est le Verbe
Consolateur et vengeur.
Or, Dieu est immortel.
Et tant que je le sentirai palpiter ainsi dans mon cœur et
    mes veines,

Il me semble que rien ne pourra me faire mourir.
Je suis, malgré les ans déjà lourds,
Un peu semblable aux jeunes soldats très jeunes.
Ils sont si pleins d'éclosions et d'épanouissements,
Si débordants de toutes les sèves de vie,
Qu'ils ne croient pas à la mort,
Et que, même dans l'instant où elle se dresse pour les
    saisir,
Ils la bravent, riant d'elle,
Comme des enfants.

Et cependant, je les ai vus,
Ayant encore au front la sueur d'agonie,
Roides, muets, déjà si défigurés que la vie
Se détournait, d'horreur, ainsi qu'un passant inconnu.

Et mon cœur s'enfonça, cruellement ému,
Mais il chanta la foi, chanta la ferveur infinie...
Février 1918.

II. Commencement de la suprême crise

Peut-être en ce moment, le sort des hommes se décide ;
Car sur la France, qui porte tous leurs destins,
Voici, pour en finir, que l'ennemi du genre humain
Fonce — de tout son poids — fonce...

                              Ah ! le clair matin,
Hélas ! et que l'éveil du printemps encore est splendide !

        Les fiançailles des oiseaux
Chantent, chantent, pour faire éclore les rameaux.

Des obus, près de nous, font voler la route blessée...
Et les cloches aussi, comme des aurores bercées
Sur ce village pur, chantent la fête des Rameaux...

Et l'on sait qu'au lointain l'immense lutte est commencée.
Le jugement de feu, suprême, universel,
Et qu'à s'entr'égorger les masses d'hommes sont lancées
Depuis le premier jour de ce doux printemps solennel,

Et que ce beau soleil, lumière adorable et grisée,
N'est que l'œil de la Mort, qui les guide du haut du ciel.
Dans la Woëvre, 24 mars 1918, jour des Rameaux.

Louis MANDIN.

Resurgam

C'est quand tu dors que tu es toi-même et que tu m'appartiens... C'est dans le sommeil seulement que m'apparait ton vrai visage et je me penche en frémissant vers ce front lisse et ces yeux clos, avec une avidité dont tu sourirais de ton orgueilleux et cruel sourire, si tu pouvais en percevoir l'intensité.

Tes chers yeux faux, tes yeux de jade translucide, plus redoutables quand ils sont tendres que méchants, je n'en soutiens sans défaillir la flamme implacable qu'à l'abri de ces paupières pâles aux transparences de pétales, que le sommeil leur met comme un écran.

Et ta bouche que tu as su gonfler d'un tel dédain, tu ne sais pas comme elle est tendre et enfantine dans le repos.

C'est cela, c'est cette chère tête d'enfant fragile que tu as gardée, qui me ramène à toi comme une esclave quand ta tyrannie m'en a chassée.

Ah garde, garde longtemps ce visage tendre et désarmé, garde ce visage véridique et presque craintif, plus émouvant que tous tes masques.

Dors, ce n'est pas toi que j'aime, c'est l'image intacte, le reflet furtif et divin de cet autre toi-même que tu n'as pu tuer encore, et qui m'apparut en Suppliant ce jour lointain comme un mirage...

MARCOLE.

Le Banquet de la Vie

Evocation du Temps, au Jardin du Lieu,
Où mon Silence respire d'espace !
Inspiré d'images, illuminé d'amour,
Je suis venu pour être du Banquet du Jour
Et du Repas du Feu.....
C'était autour d'un autel de fleurs et de fruits,
Où les Parfums réels rayonnaient dans la Joie
Parmi d'abondantes couleurs,
L'autel était d'offrandes,
Les richesses des fécondations
Etaient offertes, simplement,
En des pampres et des guirlandes.

Mené par toi l'Officiant de Toute Pensée,
Qui rythmait la fraîcheur dans la danse du Corps,
Sous un ciel de Musique
Je m'assis doucement
Parmi les âmes graves des Convives :
Les Elus assistants.

C'était autour d'un Autel de fleurs et de fruits,
Le firmament de bienfaisance
Et de chaleur.

Le bleu, doré de l'Infini,
Et blanc de lumière,
Se reflétait aux Sourires des Yeux :
Ces Miroirs du Verbe de la Beauté.
Et l'on faisait l'Echange des fleurs et des fruits

De la pureté de tes mains,
En des gestes de bienheureux Semeur,
Tu partageais, tu donnais les substances,
La nourriture.....
Oh! le pain de nous-mêmes,
Et tout était blanc dans son nom.

Nous prenions notre Feu
Au divin tabernacle de la Terre.
Tu partageais et tu donnais les substances,
Et tu sacrifiais les plantes immobiles
A leur puissance de naissance.

Nuptialement tes mains étendaient l'aumône,
En bénissant les Mets.
Elles résorbaient par le Rythme du Silence,
En les formes de chaque objet
Les Qualités et Vertus.

Tes mains blanches faisaient l'Office du Soleil
Oh! en leur bénédiction.
Le Parfum de la Joie montait de toutes substances,
Le Parfum de la Joie,
Tes mains blanches étaient en bénédiction ;
Les mets étaient clarifiés
Et en Amour,
Ta pensée transformait la nourriture
En puissance de vie,
Pour chacun des convives.
C'était la manne
Alimentant l'Intérieur,
La transparence venait dans nos corps,
Une caresse de chaleur
Qui nous rendait léger,
Une musique de force
Qui nous transportait dans la Plénitude.
Et nos âmes participaient aux chants de la nature
Et à l'entendement mystérieux.

Nos sens se dilataient dans leurs ondes d'essences
Et jusqu'aux distances les plus invraisemblables.
C'était la dilatation de l'Etre
Dans l'Etre,
La floraison complète
De notre vie :
Oh ! contentement spatial de mon extase
Et joie universelle.....
Et nos yeux se voyaient
Et nous étions ensemble les uns, les autres,
Car nos blancheurs pareilles

Formaient l'Immaculée de la Clarté,
Le Verbe rayonnant dans l'Or.....
Nos bouches ouvraient le Cantique des Cantiques
. . . .
    Oh ! enchantement de la Lumière,
Et le sang va se transfuser
Dans l'Immobile Moment du Silence,
Le sang mouvement de nos âmes
Tu l'as fait verser à chacun de nous
Par les Danses d'Harmonie de la Vie.
Et chacun de nous a bu dans la transparence
            Le sang
            Le vin
            L'onde du Feu
Le Mouvement ardent de l'Alliance ;
Chacun a bu le vin du Temps
        La couleur de chaleur,
        La sève musicale
    De toutes les fraicheurs vivantes.
    Et, par le sang
    Et, par le vin
        D'embaumement
    Et d'ensoleillement
        Des Treilles de l'Aurore
Est en nous l'Alliance symphonique
Et le recueillement du Verbe :
Unissons mélodieux de nos lèvres
Oh ! pour la transfusion de nos louanges
A Celui qui est adorablement aimé,
Hostie d'Ineffables Sourires.

. . . .
. . . .
Les pas doivent frôler les frissons de la Terre
Et les vagues de floraisons :
C'est ainsi que chacun des Anges baptisés,
Les enfants bienheureux de l'innocence,
Eclairés dans la couleur du ravissement,
        Venaient verser le vin de pourpre
            Dans le cristal.
Et nous buvions la richesse de toute Vie
            Dans l'Harmonie.
Or c'était le mouvement ardent d'Alliance,
Et le feu était dans les arbres,
Et les êtres de liberté,
De la musique
Chantaient de leurs voix claires
Dans l'ivresse de l'atmosphère.
Et le feu était dans les arbres,
Le sacrement divin de plénitude
S'accomplissait
A l'échange fraternel du Pain et du Vin.

Et le feu était dans les arbres :
Il y avait louange de l'Amour
Par la diction solennelle des Cantiques :
La Musique du Verbe.
Il y avait louange de l'Amour
Et du Jour éternel
Et du feu qui ne se consume point,
Par la nourriture des Paraboles
Que souriaient dans un chant transparent
Les Lèvres d'Aube de Celui qui est Aimé.
Il y avait Louange de l'Amour,
      Louange d'Or
      Silenciel,
Et louange de Sérénité Pleine
Dans le Contentement des Etres Transportés,
    Qui entendaient et absorbaient
      Avec extase
      La Parole.

R. DESSAMBRE.

VA-T-EN

dans		sous
la		la
NUIT		PLUIE
et		des
RÊVE		ÉTOILES

que tu n'as pu cueillir

Façon

Chéruil

L'attachement vous sème en taffetas
broché projets,
sauf où le chatoîment d'ors se complut.
Que juillet, témoin
fou, ne compte le péché
d'au moins ce vieux roman de fillettes qu'on lut !

De fillettes qu'on
brigua
se mouille (Ans, store au point d'oubli), faillant
teter le doux gave,
— Autre volupté, quel acte élu t'instaure ? —
un avenir, éclatante Cour Batave.

Etiquetant
baume vain l'amour, est-on nanti
de froideur
un fond, plus que d'heures mais, de mois ? Elles
font de batiste : A jamais ! — L'odeur anéantit
tout-de-même jaloux ce printemps,

Mesdemoiselles.

André BRETON.

ɪ   Nocturne

Viens, dit l'ombre, et d'une câline étreinte elle l'entraînait.
Dans le crépuscule les pins étaient d'un noir de bronze ;
Le timbre d'un crapaud mesurait l'heure note à note ;
Le soir était précis et lumineux, pourtant cette ombre
[l'entraînait !

Viens, je l'apprendrai le secret de la joie et de la douleur ;
Je connais les mystères maintenant ; viens avec moi, dit
[l'ombre.
D'un pied maladroit il casse un lis, les larmes à ses yeux
[montent.
Mais elle : tu verras qui je suis, là-bas où il n'est plus de
[douleur.

Ils franchirent un ruisseau qui semblait la mélodie de la
[lune
Et passèrent sous les arcs des hêtres pleurant la rosée ;
D'un bras il entourait les épaules de l'ombre envolée
Et des murmures merveilleux s'harmonisaient sous la lune.

II

« Quand tu es nue et droite, tige de lis,
Et que timidement, sur ma prière,
Tu repais mon regard avide
De ta forme de lumière,
Voici que dans l'obscurité de l'âme
Eclate un rayonnement splendide
Venu de la beauté de la forme humaine.
Une étrange plénitude s'établit dans mon âme,
Comme si l'univers, par ces contours humains,
Me livrait ses secrets.
Pourquoi l'arbre éployé ou le majestueux rocher,
L'eau de la plus limpide rivière,
Un oiseau gracieusement lancé,
Un beau cheval qui court dans l'herbe,

Pourquoi les choses et les animaux
Laissent-ils l'âme plus froide ?
Est-ce un tour du « génie de l'espèce »,
Cette tension du plus matériel désir ?

Ah, j'aimerais croire, haute tige de lis humain,
Que ta beauté plus riche et plus parfaite
Rayonne surtout parce qu'en sa pâte savoureuse
L'intelligence est sensible et nous émeut ;
Que l'animal humain n'est jamais l'animal
Et qu'à la clarté d'un sein,
Dans l'attache d'un cou, sur l'arc ferme des épaules,
Dans un visage mobile et plein du jeu des yeux
Se manifeste, plus que partout, l'esprit des Dieux. »

III

Mon poème est fragments épars
Mais je lui confère l'unité par ma vie ;
Une pièce est mon bras, une autre mon œil,
Celle-ci ma langue et celle-là ma main ;
Une autre est mon cerveau, mes nerfs eux-mêmes :
Mon livre compact est moi-même,
Il assemble, tasse le poème.

Personne d'autre ne pourrait ordonner
Les fragment épars,
Car ils ont un lien subtil
Par où chacun s'attache à celui qui précède
Et j'en trouve la succession en moi-même.
Ni la date, ni le lieu où ils furent écrits
Ni surtout, chose étrange, l'émotion qui animait ma plume
A l'heure où ils jailliront de ma pensée,
Ne marqueront cette succession ni ce lien.
Car le dernier pourra passer au commencement
Et celui qui fut écrit dans la souffrance
Signifier la plus grande joie,
Mais comme le sculpteur place les yeux sous le front
Et les sépare du nez,
Ainsi je trouve en moi les raisons puissantes
Qui fixent aux fragments leur place
Dans l'œuvre totale.

Roger FRÈNE

Lettres à l'Amazone

Le Mercure de France vient de nous donner une édition nouvelle des « Lettres à l'Amazone » et certes le Mercure a raison. Je ne me rappelle pas sans déplaisir, n'étant guère bibliophile, les difficultés que j'avais rencontrées il y a deux ans dans la recherche de cet ouvrage. Aujourd'hui ce volume eut été introuvable... Or, il faut lire les « Lettres à l'Amazone » et les relire encore lorqu'on les a déjà lues. Il reste l'un de ces livres où l'on trouve toujours joie et profit. Et ce serait en somme, un rare et suffisant mérite, s'il n'en possédait un autre plus grand encore, qui est de jeter une lumière presque définitive sur l'œuvre et la personne de Remy de Gourmont.

Tard venues dans cet œuvre immense, développé dans tous les sens de la connaissance humaine et apportant sur chacun, soit un aperçu, soit un jugement original, elles résument cet œuvre et en quelque sorte le couronnement. Vous retrouverez dans les « Lettres à l'Amazone » le Gourmont, tour à tour philologue, historien, érudit, philosophe, poète, et tout cela, avec un détachement, une mesure qui touche à la perfection.

Aussi bien, le sujet le permettait-il puisque ce sont des « Lettres ». Tout ce qui s'offre à l'intelligence la plus mobile, à la sensibilité la plus fine qui furent jamais, y est effleuré. Un souvenir, un fait divers, une simple parole de l'Amazone, fournissent à Remy de Gourmont, son thème. Son imagination le développera ensuite, un peu au hasard de la broderie ou de l'arabesque. Aussi nous prévient-il : *« qu'il ne faut se fier que fort peu aux titres,* « *qui les décorent, et qui ne sont là que pour l'ornement. Il sera* « *certainement question du désir, dans la lettre intitulée* **le Désir,** « *mais aussi de beaucoup d'autre chose ».* Et n'ajoute-t-il pas un peu plus loin à titre d'excuse peut-être. « Et voilà que je « m'étais embarqué sur un sujet, et que ma lettre s'est continuée « et s'achèvera sur un autre sujet. Comme je sais mal me disci- « pliner. Mais c'est une lettre, Amazone, qui aimez l'inattendu. « Il est convenu qu'il en est des lettres comme de la conversation « et qu'il ne faut qu'y effleurer les choses et passer de l'une à « l'autre au hasard de l'association des idées et même des « mots. C'est un genre qui me convient, car nul ne ressent « plus que moi, combien les questions s'enchevêtrent et com- « bien il est impossible d'en froler une seule, sans que toutes

« les autres frémissent et lèvent la tête pour attirer l'attention
« sur elle ».

Cependant, il ne faudrait pas se fier entièrement à ces
quelques lignes de Gourmont. Comme tout écrivain profondé-
ment sincère il ne dit guère là toute sa pensée. Malgré leurs titres mensongers, et les voiles magiques que leur tissent sans
cesse l'imagination et la fantaisie, les Lettres à l'Amazone trai-
teront de l'amour, avec une pénétration et une finesse, qui les
placent à côté du livre célèbre de Stendhal.

Mais Remy de Gourmont se garde de donner au mot amour,
le sens étroit que lui accordent les physiologues, ou les théolo-
giens. Pour Gourmont, l'amour, c'est tout ce qui donne à la vie
son sens, sa force, et son attrait. Aussi, s'est-il plu à nous le
peindre dans sa complexité et à en noter les nuances les plus
délicates. Que ce soit l'amour de soi-même, l'égoïsme, l'amour
nu, l'amour mystique, la sympathie, l'amitié, ou encore la pas-
sion violente de Verlaine pour Rimbaud, le désir, le plaisir, le
souvenir, l'ennui ou l'oubli, peu importe. Aux yeux de Remy
de Gourmont, il s'agit toujours d'amour. Des reflets sans nombre sous lesquels se cache le sentiment unique il a fait le sujet
de sa méditation. Pourrait-on lui reprocher l'aspect fragmen-
taire des vérités qu'il découvre. Certes, je ne le pense pas, et
d'ailleurs n'éprouvait-il pas lui-même un certain mépris pour
le fantôme des vérités absolues, le philosophe un peu sceptique
qui nous confie cet aveu : « Les traités de psychologie, me font
« peur, par leur outrecuidance, le contraire de ce qu'ils affir-
« ment est aussi vrai que toutes leurs vérités. » D'ailleurs Remy
de Gourmont a trop connu le doute, pour que nous puissions
nous méfier de sa sincérité. Il y a parfois des cris directs, poi-
gnants, dans ces lettres. Rappelons-nous cette simple phrase :
« Le doute m'a poursuivi, jusqu'au dedans de moi-même. » L'on
ne saurait vraiment pas se méprendre sur la résonnance de
certaines paroles. Il lui échappe d'ailleurs de temps à autre un
aveu. « Je ne me crois pas l'homme des conversations, je trouve
« la répartie juste au moment qu'il ne fallait pas, et grâce à cette
« disposition je dois me réfugier dans le silence. » Plus loin une
ligne nous expliquera l'apparence ironique sous laquelle il
dissimule sa mélancolie. « Mon orgueil s'est toujours mis au-
dessus de la révolte qui se trouve un peu plébéienne ». Mais les
lettres n'abondent pas qu'en conférence, L'on y trouverait
encore nombre de traits précis, et de portée générale, témoin
cette définition qu'eut pu revendiquer Spinoza. « La volupté
« n'est que l'accord de tous les sens, unis sous la maitrise d'un
« sens suprême, qui les mène tous au même but dans un concert
« harmonique » ou encore des maximes qui sont à fois des
règles de vie et un art poétique « Mais redire les choses déjà
dites et faire qu'on croit les entendre pour la première fois,
c'est tout l'art d'aimer et d'aimer encore. » Et l'on comprendra
ainsi d'où vient le charme secret de ces lettres. Il résulte sans
doute aucun, de ce qu'elles nous font assister et participer même
à la vie profonde d'une âme. Sont-elles réelles, sont-elles idéales.
Outre que Remy de Gourmont s'est plu, à ne pas nous le dire et
bien plus à nous le cacher, c'est une question qui n'a point de
sens, pour l'idéaliste qui avait inscrit à la première page de
ses chevaux de Diomède cette phrase de Hobbes : « Veritas in-
dicto, non in re consistis. ». Elles sont, que pouvons-nous de-

mander d'autre, elles sont, dis-je, et nous éprouvons, aux visions découvertes, aux pensées suggérées un délice encore inconnu.

Et je sais que beaucoup de lecteurs regretteront dans ces lettres l'absence de certaines croyances, et de certains sentiments, et pour ma part, je me demande si l'on a le droit de rayer ainsi les hypothèses qui agrandissent infiniment la vie. Gourmont a écrit, que c'était « là une féerie, à laquelle il ne lui était plus possible de participer. » Mais que ceux qui seraient tentés de le regretter se ressouviennent aussi de cette parole: « Les pensées nous sont des points de départ, plutôt que des accomplissements. » Que ceux-là aillent donc plus loin que Remy de Gourmont. Lui qui aimait la liberté par dessus toute chose ne le leur aurait certainement pas interdit.

Et serait-il juste enfin de passer sous silence le style, le style admirable de Gourmont, ce style si pur, si sensuel, si fluide et si ferme à la fois, que comparée à la sienne la langue d'Anatole France parait presque froide, et presque mièvre celle des chansons de Bilitis. Mais le poète de Simone, et des Litanies s'est réveillé aussi pour nous donner là des preuves nouvelles de sa virtuosité et de son art. Sur les trente-deux lettres qui forment l'ouvrage, trois au moins sont formées de sonnets en prose. Et ce n'est pas, comme il nous le dit, « au vers libre qui suit ses règles particulières, c'est la cadence de la prose, mais soumise à une discipline, qui en fait peut-être une forme nouvelle de poésie. »

Mais je vois qu'il me faudrait citer, citer encore, citer toujours, et cela serait presque inutile puisque pour avoir une idée du livre, il faudrait l'avoir lu. Serait-il même possible d'en donner une impression en en dégageant l'idée principale, certes non, il y en a tant, si vivantes, si prenantes toutes, qu'il vaut mieux s'arrêter, comme nous nous arrêtons devant un parterre pour jouir de l'arome épandu, sans nous soucier de la couleur et du parfum de l'une ou l'autre des roses. Et je ne sais si le lecteur se ralliera à la morale de Gourmont qui voulait faire aimer l'heure présente comme si elle devait être éternelle, mais je crois que beaucoup, penchés sur son livre et respirant en lui tous les charmes de la nature, de l'esprit et du cœur parviendront à l'oublier. Et tandis que l'heure est douloureuse, saurait-on imaginer un plus sincère éloge !

Jean DE COURS.

Messieurs
les
Critiques d'Art

Rien de plus triste que de voir sur les grands boulevards un de ces pauvres voyous pommadés et apparem_
ment élégants, assis à une table de café entourés de
quelques pauvres filles également fardées, au regard
craintif, vache et séduisant. Ce spectacle est profondé-
ment lamentable. Ces jeunes maîtres dans notre grande
ville lumière ont fait école et dans presque toutes les
activités intellectuelles le prétendu chevalier a établi son
petit commerce. Surtout dans la peinture où les peintres
accommodants des grands entrepôts ont besoin d'un sou-
teneur qui les fasse marcher.

Le marlou à casquette n'a besoin que d'une forte poigne,
à la rigueur d'un couteau pour blesser sa proie dans les
fesses car autrement il gâterait sa marchandise.

Le critique d'art a gaillardement une plume bien trempée d'encre et d'encres de couleurs bariolées. Il est généra-
lement plus oisif que le premier et risque moins, et son
métier est beaucoup plus lucratif. Car hélas le jeune
homme qui fait de la peinture et qui se sent dès ses
débuts un futur raté, trouve toujours vaillante protection
du chevalier à la plume bien trempée d'encre qui l'intro-
duira bientôt peut-être dans la béatitude d'une molle vie
bourgeoise.

Et ceci pour les hommes du métier. Mais il y a une
foule d'inconscients bons enfants qui sans avoir jamais
touché un pinceau, ou sans avoir écrit un vers ou quoi-
que ce soit qui participe à l'art bavent des théories aux-
quelles les naïfs se laissent bercer.

St-MARCELLIN et Justin-Frantz SIMON.

NOTES

2ᵉ Exposition des Trois-Roses (Galerie E. Fenoglio, [Grenoble). — Œuvres de Corneau, Favary, Fournier, Kisling, Lhote, Ortiz. Succès énorme, injures, menaces, caillou dans la mare aux grenouilles. Quelques-unes semblent se réveiller.

Des Galipettes officielles. — Au Musée de Grenoble. Deux toiles de Degas qui devraient y être n'y sont pas. — Pourquoi?

Cependant M. Jules Bernard, notre regretté conservateur, avait consenti spontanément sur les instances de notre ami et collaborateur Andry-Farcy, à entrer en pourparlers avec le maître Degas par l'entremise de relations communes.

M. Jules Bernard aimait l'œuvre de Degas comme l'une des plus caractéristique du siècle. Mais cet achat ne serait-il pas trop audacieux?

Le peintre des danseuses l'avait accueilli dans sa « tour d'ivoire ». Pour le musée de Grenoble qu'il connaissait bien et appréciait, Degas consentait à donner deux toiles pour 5.000 fr. Je dis « donner »!

Leur titre? — «Arlequin et Colombine » (sur un fond montagneux) et « la Repasseuse ».

Cherchez-les au catalogue de cette récente et célèbre vente Degas, qui atteint six millions pour une partie de l'œuvre.

Alors? ces toiles ne sont donc pas au Musée de Grenoble?

M. Jules Bernard était décidé ; qui donc a fait pression sur cet homme honnête pour l'obliger à changer d'avis en faveur d'un prudent achat académique et d'une valeur si relative que nous ne le désignerons même pas?

Que s'est-il donc passé?

Contentons-nous pour toute réponse de l'épilogue de cette histoire. Les deux toiles qui ne seront jamais au musée de Grenoble ont fait soixante-cinq mille francs en vente !

Voilà qui est parler l'éloquence des chiffres.

Les Bois gravés des Trois Roses

Ortiz de Zaraté : La Liseuse (deux variantes) 24 exemplaires sur simili-japon numérotés et signés, à 10 francs.

Portrait de Jean Royère, 20 exemplaires numérotés et signés à 3 francs.

Portrait de J.-F. Simon, 20 exemplaires numérotés et signés à 3 francs.

Gabriel Fournier : Paysage d'après Cézanne, 20 exemplaires numérotés et signés à 6 francs.

Grenoble, imp. Aubert, 5, rue des Dauphins. — *Le gérant :* A. CHARDON.

www.ingramcontent.com/pod-product-compliance
Lightning Source LLC
LaVergne TN
LVHW082239170726
843503LV00011B/4488